Nov 2019

I OFFER MY HEART AS A TARGET

OFREZCO MI CORAZÓN COMO UNA DIANA

Winner of the Paz Prize for Poetry,
presented by the National Poetry Series
and the Center for Writing and
Literature at Miami Dade College

BY JOHANNY VÁZQUEZ PAZ
TRANSLATED FROM SPANISH BY LAWRENCE SCHIMEL

BROOKLYN, NEW YORK, USA
BALLYDEHOB, CO. CORK, IRELAND

THE NATIONAL POETRY SERIES

The Center for Writing and Literature @ Miami Dade College

The National Poetry Series and the Center for Writing and Literature at Miami Dade College established the Paz Prize for Poetry in 2012. This award—named in the spirit of the late Nobel Prize–winning poet Octavio Paz—honors a previously unpublished book of poetry written originally in Spanish by an American resident.

The National Poetry Series was established in 1978 to ensure the publication of five collections of poetry annually through five participating publishers. The Series is funded annually by Amazon Literary Partnership, Barnes & Noble, Betsy Community Fund, the Gettinger Family Foundation, Bruce Gibney, HarperCollins Publishers, Stephen King, Lannan Foundation, Newman's Own Foundation, News Corp, Anna and Ólafur Olafsson, the OR Foundation, the PG Family Foundation, the Poetry Foundation, Laura and Robert Sillerman, Amy R. Tan and Louis DeMattei, Elise and Steven Trulaske, and the National Poetry Series Board of Directors. For a complete listing of generous contributors to the National Poetry Series, please visit www.nationalpoetryseries.org.

The Center for Writing and Literature is a part of Miami Dade College's Cultural Affairs Department. Founded in 2002, the Center creates and produces public literary programs for people of all ages, including Miami Book Fair International. The Center's goal is to create community while promoting reading and writing.

————

Published by Akashic Books
©2019 Johanny Vázquez Paz
English translation ©2019 Lawrence Schimel

ISBN-13: 978-1-61775-763-1
Library of Congress Control Number: 2019935263

Akashic Books
Brooklyn, New York, USA
Ballydehob, Co. Cork, Ireland
Twitter: @AkashicBooks
Facebook: AkashicBooks
E-mail: info@akashicbooks.com
Website: www.akashicbooks.com

Para Vivian, mi hermana y amiga,
guerrera de tantas batallas inmerecidas.

To Gamaliel Ramírez,
in every brushstroke / su abrazo
in every painting / su alma
in every mural / su sangre.
The artist will forever live.

ÍNDICE

TABLE OF CONTENTS

INTRODUCCIÓN

por Rigoberto González

Un latido cardíaco normal se compone de dos sonidos producidos cuando la sangre fluye a través del órgano conforme las válvulas se contraen. Escuchar su ritmo a través de un estetoscopio es apreciar la sutil diferencia entre dos movimientos que están inequívocamente conectados—un latido llama, el otro responde. De forma similar, las dos secciones del impresionante libro de poemas de Johanny Vázquez Paz ofrecen al lector distintos tonos encendidos por la misma fuente: perseverancia.

En la primer parte, "Mi corazón como una diana", la hablante se declara a ella misma una sobreviviente. Su historia está enraizada a un paisaje violento que algunos llamarían hogar, pero para esta mujer el hogar es un campo de batalla, su cuerpo devastado por la guerra:

Mi cuerpo es un vestido deshilachado
con botones a punto de reventar
tela antigua cubierta de larva
donde la polilla se anida y se alimenta.

A pesar de ser perseguida por las sombras de un pasado turbulento, por una figura masculina amenazante que irrumpe su paz interior y la posibilidad de armonía en alguna relación futura, ella persevera, presentándose como un ser humano complicado pero completo:

Ama mi cicatriz
descubre en su fealdad la geografía perfecta
donde el llanto se hace coordenadas con la risa.

Pero ella hace más que solo declarar la existencia del dolor, ella toma esa angustia—más la rabia que viene con ella—y convierte esa energía negativa en diligencia:

INTRODUCTION

by Rigoberto González

A regular heartbeat is composed of the two sounds made when the blood flows through the organ as the valves contract. To listen to its rhythm through a stethoscope is to appreciate the slight distinction between two movements that are unequivocally connected—one beat calls, the other responds. Similarly, the two sections of Johanny Vázquez Paz's stunning book of poems offer the reader distinct tones powered by the same source: perseverance.

In the first part, "My Heart As a Target," the speaker declares herself a survivor. Her story is rooted to a violent landscape that some may call home, though for this woman home is a battleground, her body ravaged by war:

> *My body is a frayed dress*
> *whose buttons are about to burst*
> *old fabric covered by grubs*
> *where moths nest and feed.*

Despite being haunted by the shadows of a turbulent past, by a threatening masculine presence that disrupts her inner peace and the potential for harmony in any future relationships, she perseveres, presenting herself as a complicated but complete human being:

> *Love my scar*
> *discover in its ugliness the perfect geography*
> *where tears find their bearings with laughter.*

But she does more than assert the existence of pain; she takes that anguish—plus the rage that comes with it—and converts that negative energy into agency:

9

Ahora mismo me ha amarrado las manos
y escribe sus victorias en el ruedo
se burla de mis fracasos y se declara vencedora
como usualmente pasa en las páginas
que llevan mi nombre.

La sobreviviente habla su verdad, o más bien, escribe su camino hacia la verdad como una avenida de expresión, situándose a sí misma en un papel más deseable como la mujer que se encarga de su propia narrativa, forzada pero triunfante. Ella ha vivido para contar su historia.

La segunda parte, "Al despegar el vuelo", examina un desafío muy diferente que se presenta a muchos inmigrantes: el desplazamiento. La lucha de la que habla para aferrarse a su pasado, en verdad a su historia, vía su lengua natal el Español, está comprometida por las presiones de la asimilación:

Fumar en otro idioma causa un cáncer que se propaga;
primero los labios, luego la lengua, después

la voz se ahonda, se come el cerebro, metástasis lingüística
y las masas se ponen de acuerdo y susurran: ¡ya no eres!

Me despojan la nacionalidad, me inventan una ciudadanía
me halan la isla bajo los pies y me hundo en el espanglish

Su sentido de pertenencia a una herencia de lenguaje Caribeño-Español (la hablante oriunda de Puerto Rico) es llevado al límite por su apariencia. Su complexión puede ofrecerle la opción de pasar por una "gringa" pero esto no sirve mucho para disminuir su sentido de pérdida:

La ciudad se traga las sobras de mi isla encantada
hace gárgaras y escupe su mar adobado

Right now she's bound my hands
and writes her victories in the ring
she mocks my failures and declares herself the winner
as usually happens in these pages
that bear my name.

The survivor speaks her truth, or rather, writes her way to truth as an avenue of expression, situating herself in a more desirable role as the woman who takes charge of her own strained but triumphant narrative. She has lived to tell her tale.

The second part, "When the Flight Takes Off," examines a much different challenge that presents itself to many immigrants: displacement. The speaker's struggle to hold on to her past, indeed her history, via her native Spanish language, is compromised by the pressures of assimilation:

To smoke in another language causes a cancer that spreads;
first the lips, then the tongue, after

the voice deepens, it eats the brain, linguistic metastasis
and the masses reach an agreement and whisper: you no longer belong!

They strip away my nationality, invent for me a citizenship
pull the island from under my feet, and I sink into Spanglish.

Her sense of ownership of a Caribbean Spanish–language heritage (the speaker hails from Puerto Rico) is further strained by her appearance. Her complexion might offer her the option to pass for a "gringa," but this does little to curtail her sense of loss:

The city swallows the remains of my enchanted island
gargles and then spits out its salty sea.

Aunque puede parecer que esta segunda sección está muy lejos del plano emocional de la que le precede, Vázquez Paz deja claro que esta tristeza también puede superarse, pues para esta aflicción también existe el mismo antídoto: el acto de escribir, un acto que es a la vez erótico y curativo:

Es fácil gratificar desnuda el deseo.
Las manos se deslizan solas
sobre la henchida piel del teclado
las grafías gimen agradecidas
marcando la tonada de la orquesta
que conduzco hasta el final del desfile
sintiéndome plena con mi amante poesía.

La reconciliación entre lo físico y lo intelectual es una forma de auto-rescate. La mujer agraviada, devastada por demonios personales, soportando la separación de su tierra natal que una vez la orientó hacia su identidad nacional y lingüística, logra consuelo a través de la expresión artística. La poesía se convierte en un lugar íntimo y lo suficientemente expansivo para ilustrar la trayectoria de su viaje interior y exterior.

Ofrezco mi corazón como una diana es un libro de la victoria sobre el silencio y el testamento más sincero de lo que significa sobrevivir eso que ha desafiado o desinflado a muchos. Si hay un espíritu que guía el valor embebido en estas páginas, deberá ser el ave fénix, el ser milagroso que se eleva renacido de sus cenizas, o mejor dicho, se reconstruye por si mismo. El corazón late una vez más. La mujer reclama la palabra.

Rigoberto González es el autor de diecisiete libros de poesía y prosa. El recipiente de becas del Guggenheim, NEA y United States Artists (Rolón Fellow), es el director del máster en escritura creativa de Rutgers-Newark, la Universidad Estatal de Nueva Jersey.

Though it might appear that this second section is far removed from the emotional plane of the preceding one, Vázquez Paz makes it clear that this sadness too can be overcome, for with this affliction there's a similar antidote—the act of writing, an act that is both erotic and curative:

It's easy to gratify naked desire.
The hands slide on their own
over the swollen skin of the keyboard
the writing groans in appreciation
marking the tone of the orchestra
that I lead toward the end of the parade
feeling myself replete with my lover poetry.

The reconciliation between the physical and the intellectual is a kind of self-rescue. The aggrieved woman, devastated by personal demons, enduring a separation from a homeland that once oriented her toward her national and linguistic identities, achieves solace through artistic expression. Poetry becomes a refuge, intimate yet expansive enough to illustrate the trajectories of her interior and exterior journeys.

I Offer My Heart As a Target is a book of victory over silence and the truest testament to what it means to outlive that which has defeated or deflated many. If there's a spirit guiding the courage embedded in these pages, it must be the phoenix, the miraculous being that rises from the ashes reborn, or rather, pieced together again. The heart beats once more. The woman reclaims the word.

Rigoberto González is the author of seventeen books of poetry and prose. The recipient of Guggenheim, NEA, and USA Rolón fellowships, he is currently director of the MFA program in creative writing at Rutgers-Newark, the State University of New Jersey.

I

MI CORAZÓN COMO UNA DIANA

De la misma fuente no he sacado
Mi desconsuelo—ni pude despertar
El corazón al gozo con el mismo tono—
Y todo lo que amé,—lo amé solo.
—Edgar Allan Poe

. . . y al que le duele su dolor le dolerá sin descanso
y al que teme la muerte la llevará sobre sus hombros.
—Federico García Lorca

I

MY HEART AS A TARGET

From the same source I have not taken
My sorrow—I could not awaken
My heart to joy at the same tone—
And all I lov'd,—I lov'd alone.
—Edgar Allan Poe

. . . and whoever aches in pain will feel that pain forever
and whoever fears death shall carry it on his shoulders.
—Federico García Lorca

MI TURNO

a Elina Chauvet

Sé que pronto me tocará a mí. Sentiré el golpe mientras camino despreocupada. La mano sudorosa tapará mi boca y vomitaré el grito en su palma. Una bala tallará en mi cráneo un corazón, o quizás el filo de un metal tatuará un collar en mi cuello. Mi sangre se hará un río en sus dedos tan ancho como el río Bravo. Antes de que lleguen, me arranco las pupilas y las guardo en el fondo del mar. Allí se sienten a gusto; la sal les sabe a lágrimas. Me afilo las uñas y araño mi piel. Practico lo único que nos queda: recolectar pruebas para el forense. Antes que me encuentren ya soy cadáver. Me encierro en un ataúd y pretendo estar muerta. Así la muerte es un juego a las escondidas y no es testigo del terror.

Sé que mi turno se acerca, igual que a ellas en las fronteras, en las guerras, en los hogares que acicalan y embellecen antes del escarmiento. Ya no nos sorprende este destino de cardenales en la piel. Solo quedarán zapatos polvorientos tirados en el camino. Zapatos solitarios que sueñan con un cuento de hadas en donde un príncipe encuentra a su dueña en el arco de nuestros pies muertos.

Johanny Vázquez Paz / Ofrezco Mi Corazón Como Una Diana

MY TURN

to Elina Chauvet

I know my turn will be soon. I'll feel the blow as I walk carefree. The sweaty hand will cover my mouth, and I'll vomit my scream into his palm. A bullet will carve a heart in my skull, or perhaps a metal blade will tattoo a necklace on my neck. Between his fingers, my blood will become a river as wide as the Río Bravo. Before they arrive, I tear out my pupils and guard them on the bottom of the sea. They're comfortable there; the salt tastes like tears to them. I sharpen my nails and scratch my skin. I practice the only thing left for us: collecting evidence for the coroner. Before they find me I'm already a cadaver. I seal myself in a coffin and pretend to be dead. That way death is a game of hide-and-seek and not a witness to the terror.

I know my turn approaches, just like that of the women on the borders, in the wars, in the homes they groom and embellish before the punishment. This fate of bruises on the skin no longer surprises us. Only dusty shoes tossed on the road shall remain. Lonely shoes that dream of a fairy tale in which a prince finds his mistress in the arches of our dead feet.

HIJA DE LA VIOLENCIA

Mi madre duerme
con la carga de otra niña
en sus costillas.
No siente la primera
hendidura;
solo un temblor
una sacudida
un trueno   / quizá.
Como caído a un abismo
su cuerpo brinca
cuando su alma regresa
del país de los sueños.
Espanta la realidad
con el abanico incierto
de sus pestañas al vuelo
pero la segunda estocada
le asegura que las pesadillas
estremecen menos
que la mirada furibunda
de mi padre.

La piel de mi madre me protege,
armadura endeble donde la tormenta
me arrastra hasta el fondo:
si todo hubiera terminado allí
su vientre sería hoy mi tumba.
Las voces que papá trajo de Corea
le ordenan atacar una y otra vez.
El estruendo de la guerra le persigue

Johanny Vázquez Paz / Ofrezco Mi Corazón Como Una Diana

DAUGHTER OF VIOLENCE

My mother sleeps
with the burden of another girl
on her ribs.
She doesn't feel
the first cut;
just a tremble
a shake
a thunderclap   / perhaps.
As if fallen into an abyss
her body bucks
when her soul returns
from the land of dreams.
She frightens off reality
with the uncertain fan
of her fluttering eyelashes
but the second thrust
assures her that nightmares
shudder less
than my father's
furious gaze.

My mother's skin protects me,
feeble armor where the storm
drags me into the depths:
if everything would have ended there
her womb would today be my tomb.
The voices Daddy brought from Korea
order him to attack again and again.
The roar of the war chases him

disfrazando las súplicas / los gritos.
Mi madre, siete veces rota,
se extingue en mi ombligo.
Contra todo pronóstico
                    sobrevivimos.
Sin saber cómo ni por qué:
nacer fue no morir antes,
vivir un milagro inexplicable.

disguising the begging / the shouts.
My mother, seven times broken,
vanishes in my navel.
Against all prognoses
           we survive.
Without knowing how or why:
to be born was not to die before,
to live an inexplicable miracle.

IMBORRABLE

. . . hay desastres que como canciones vivas
fundan cicatrices imborrables.

Vanessa Droz

Con esta cicatriz me conociste
cremallera abierta en los pliegues
de mi piel desabrochada
desde la primera noche de espejos
exhibí sin pudor los pespuntes
zurcidos con una soga moribunda.

Mi cuerpo es un vestido deshilachado
con botones a punto de reventar
tela antigua cubierta de larva
donde la polilla se anida y alimenta.

Soy sobreviviente de la peor guerra
las medallas no relucen en mis hombros abatidos
no existe compasión para una mujer en su trinchera
avergonzada del olor nauseabundo de la derrota.

Así me conociste
defectuosa muñeca que orina
cuando le halan la cuerda de hablar
creación imperfecta desde fábrica
tornillos sueltos / piezas gastadas
instrucciones de montaje incompletas.

UNERASABLE

. . . there are disasters that like living songs
create unerasable scars.
Vanessa Droz

With this scar you met me
open zipper in the folds
of my skin unfastened
from the first night of mirrors
I shamelessly showed off the stitches
darned with a dying noose.

My body is a frayed dress
whose buttons are about to burst
old fabric covered by grubs
where moths nest and feed.

I'm a survivor of the worst war
medals don't shine on my downtrodden shoulders
there is no compassion for a woman in her trench
ashamed of the nauseating smell of defeat.

That's how you met me
defective doll who pees
when the cord to speak is pulled
a creation imperfect from the factory
loose screws / worn pieces
incomplete assembly instructions.

Johanny Vázquez Paz / I Offer My Heart As a Target

Con esta cicatriz que hiciste tu fetiche
deidad que idolatrabas en el lecho
tu obra de caridad de buen samaritano
yo, damisela en apuros / tú, Superman al rescate.

Ahora deseas borrar su existencia
cambiar la herida a carcajada
maquillar de carnaval su palidez suicida

pero esta cicatriz / lunar congénito
mancha de plátano que el fierro colonial
marcó sin compasión en pecho isleño
no tiene cura / no hay quien la extirpe
los remedios multiplican sus puntadas.

Ama mi cicatriz
descubre en su fealdad la geografía perfecta
donde el llanto se hace coordenadas con la risa.
En su estuche quebrado guardo
alas de mariposas muertas.

Con esta cicatriz me conociste
acepta su inmortalidad
o emigra a otra piel tersa.

With this scar that you made into your fetish
deity you worshipped in bed
your charity work as a Good Samaritan
I, damsel in distress / you, Superman to the rescue.

Now you want to erase its existence
change the wound to cackles
paint like a carnival its suicidal pallor

but this scar /congenital mole
plátano stain that the colonial iron
branded ruthlessly on my island chest
has no cure / no one can remove it
all remedies just multiply its stitches.

Love my scar
discover in its ugliness the perfect geography
where tears find their bearings with laughter.
In its broken case I keep
the wings of dead butterflies.

With this scar you met me
accept its immortality
or emigrate to another smooth flesh.

OFREZCO MI CORAZÓN COMO UNA DIANA

Si busco en cada hombre a mi padre
su locura certificada por doctores
la mirada nublada de estrategias de guerra
perdidos los ojos en un campo de batalla
siguiendo órdenes de una voz sin dueño.

Si permito al ejército de padres clonados
empuñar el fusil mi dirección
y les ofrezco mi corazón como una diana
para servirles obediente como a mi procreador
pidiendo la bendición antes del tiro.

Si busco quien llene de pasos sus zapatos
para que pisoteen mis alas de cristal.
Quien bienvenido siempre esté pero no llegue
y yo, con tanto amor, me sirvo de aperitivo en la cena.
Cocino mis agallas, horneo un pastel de vísceras
empaco y sello las sobras no apetecidas
para que recalienten mi dignidad cuando apetezcan.

Si en cada hombre busco a mi padre
me temo que además de los pies planos,
la piel trémula y el espejo quebrado,
heredé la trágica historia de mi madre.

I OFFER MY HEART AS A TARGET

If I search for my father in every man
his madness certified by doctors
his gaze clouded by war strategies
eyes lost on some battlefield
following the orders of an ownerless voice.

If I allow the army of cloned fathers
to point their weapons in my direction
and I offer them my heart as a target
to serve them obediently as to my progenitor
begging for their blessing before the gunshot.

If I search for whoever fills his shoes with footsteps
so they might stomp all over my crystal wings.
Whoever is always welcome but never arrives
and I, with so much love, serve myself as the appetizer at dinner.
I cook my guts, I bake a pie of my viscera
pack and seal the unwanted leftovers
so they reheat my dignity whenever they desire.

If I search for my father in every man
I'm afraid that in addition to flat feet,
trembling skin and a broken mirror,
I inherited my mother's tragic history.

#YO / TÚ / ELLA TAMBIÉN

Y me dejé hacer
como animal atropellado
permanecí inmóvil
aguanté el respirar
me hice la muerta
y soporté las llantas
rodar el insulto
sobre mi cuerpo
una y otra vez
mi dignidad aplastada.

Y no grité
ni siguiera
abrí mucho la boca
sólo un no, o dos o tres,
o muchos más
                mi no
tan pequeñín / indefenso
murió en manos sordas
mi vestido almidonado
harapos de indigentes
mis reliquias y dote
hurtadas a traición.

Y dicen que me dejé hacer
por no chillar enloquecida
vociferar mi pánico
a mis amigos
ahorrarle la vergüenza

Johanny Vázquez Paz / Ofrezco Mi Corazón Como Una Diana

#ME / YOU / HER TOO

And I let myself do
like a run-over animal
I remained still
held my breath
played dead
and endured the tires
rolling their insults
upon my body
time and again
my dignity squashed.

And I didn't shout
didn't even
open my mouth much
just a no, or two or three,
or many more
      my no
so tiny / defenseless
died in deaf hands
my starched dress
beggar's rags
my relics and dowry
stolen by betrayal.

And they say that I let them
by not squealing madly
shouting my panic
to my friends
saving my family

a la familia.
No entienden que nadie
nos enseña a escapar
de quien a bien queremos.
No hay simulacros
para sobrevivir al derrumbe
del amor y la fe humana.

Y nos dejamos hacer
somos muchas aves afásicas
muchas gallinas cobardes
muchas perras amaestradas
a no matar.

from the shame.
They don't understand that nobody
taught us to escape
from those who we love dearly.
There are no drills
to survive the collapse
of love and human faith.

And we let them
we are many mute birds
many cowardly hens
many bitches trained
not to kill.

ARMA DE DOBLE FILO

El año que nos mataron
todas teníamos pistolas.
Entramos a una sucursal
con la tarjeta de Link
a reclamar nuestro derecho
a la segunda enmienda
y sin mucha fila o espera
escogimos el modelo estándar
o pagamos en efectivo
la diferencia de precio
por un fusil automático.
Nos sentíamos tan protegidas
con nuestro seguro de vida.
Portar la muerte en la cintura
da valor para hablar y decir
todo lo que antes callábamos.
Nuestra autoestima alcanzó
niveles inimaginables de altivez.
Cuando en nuestros empleos
respondimos a las balaceras
y contraatacamos a los abusos
habituales del poder,
decidieron reinventar una nueva
carta para sus derechos
y quitarnos los juguetes.
Desde luego nos defendimos pero
ellos siempre tuvieron más armas
y la ley a su favor.

DOUBLE-EDGED BLADE

The year they killed us
we all had guns.
We entered an outlet
with a Link card
to claim our right
to the Second Amendment
and without much of a line or a wait
we choose the standard model
or pay in cash
the difference in price
for an automatic rifle.
We felt so protected
with our life insurance.
Carrying death on one's waist
gives courage to speak and say
everything we kept silent before.
Our self-esteem reached
unimagined heights.
When at our jobs
we responded to the shoot-outs
and counterattacked the habitual
abuses of power,
they decided to reinvent a new
bill for their rights
and to take our toys away from us.
We defended ourselves, of course, but
they always had more weapons
and the law in their favor.

VOZ INTERNA

Hay un yo dentro de mí que me controla.
Nunca calla su imitación perfecta de mi voz.
Ni siguiera cuando duermo apaga su despotismo:
en sueños me empuja por un precipicio
y despierto de un tirón ahogada en un mar sin fondo.
Cuando amanece, ahí está dándome los malos días
me recuerda la patética vida que me espera
me anima a permanecer en la cama,
obviar los compromisos, echar todo a perder.
Inclusive me recuerda la pistola de mi padre
y me insta a seguir su ejemplo
como debería hacer toda buena hija.
Yo me levanto y la contradigo
le discuto, la muerdo y hasta le saco sangre
pero ella nunca silencia su diatriba.
A veces dejo que haga conmigo lo que le plazca
solo para acallarla aunque sea un ratito.

Ahora mismo me ha amarrado las manos
y escribe sus victorias en el ruedo
se burla de mis fracasos y se declara vencedora
como usualmente pasa en las páginas
que llevan mi nombre.

INNER VOICE

There is an I within me that controls me.
Her perfect imitation of my voice never quiets.
Not even when I sleep does her despotism switch off:
in dreams she pushes me off a cliff
and I wake up suddenly drowned in a bottomless sea.
When I awaken, there she is wishing me a lousy day
reminding me of the pathetic life that awaits me
encouraging me to stay in bed,
ignore my obligations, throw everything away.
She even reminds me about my father's gun
and urges me to follow his example
as a good daughter should.
I get up and contradict her
I argue with her, bite her, even draw blood
but she never silences her diatribe.
Sometimes I let her do with me what she wishes
just to shut her up for a little while.

Right now she's bound my hands
and writes her victories in the ring
she mocks my failures and declares herself the winner
as usually happens in these pages
that bear my name.

HERENCIAS

No sé en qué momento
mis hermanas me habitaron,
cuándo saquearon mi cuarto
para mudar sus pertenencias
y amueblarme de sus sueños.

No comprendo cómo la abuela
se vistió en mis labios,
balbuceó opiniones y decidió mi futuro,
y mi madre dibujó en mi rostro
esta máscara gemela suya
con todas sus preocupaciones
maquilladas en el perfil.

No recuerdo cuándo mis primas
me calzaron sus convicciones
para marchar juntas con carteles de protesta,
ni en qué día mis tías llegaron de visita
y se apoderaron de todos los rincones
solitarios de mi hogar.

He empacado miles de maletas,
llenado sus barrigas de sueños truncados.
Desempaco y me pruebo las ropas legadas,
algunas son anchas e infinitas como el mar;
permiten nadar sin restricciones.
Otras son estrechas y anticuadas,
cortan la respiración, confinan las pasiones.

INHERITANCES

I don't know at what moment
my sisters inhabited me,
when they looted my room
to install their own belongings
and furnish me with their dreams.

I don't understand how *la abuela*
got dressed in my lips,
blabbered opinions and decided my future,
and my mother drew on my face
this mask the twin of her own
with all her worries
painted on my own profile.

I don't remember when my cousins
shod me with their convictions
to set off together with protest banners,
nor on what day my aunts came to visit
and took over all the empty
corners of my home.

I've packed thousands of suitcases,
filled their bellies with truncated dreams.
I unpack and try on the clothes I inherited
some are wide and infinite as the sea;
they allow for swimming without restraints.
Others are narrow and antiquated
cutting off breath, confining passions.

No sé por qué mi sangre pesa como un tanque
lleno de sobrevivientes de otras guerras,
y cuando caigo, un batallón de almas me recoge
para sanarme las heridas con su botica de remedios.
Por qué será que soy cien mujeres en una,
híbrido de posibilidades vírgenes,
y siento en mi piel el dolor y la risa
de todas las guerreras que heredé.

I don't know why my blood is as heavy as a tank
full of survivors of other wars
and when I fall, a battalion of souls picks me up
to heal my wounds with their kit of remedies.
Why I am a hundred women in one
hybrid of virgin possibilities
and I feel on my skin the pain and the laughter
of all the warrior women I inherited.

NUNCA JAMÁS

Esta espalda erecta de columna frágil
país donde la piel habita / rebozo de huesos
blanca planicie dividida por un cauce
en donde tu lengua llovía
y tus dedos patinaban en la espuma
del vello transparente que me arropa.

Esta espalda que tus manos habitaban
en el hogar que mi piel les ofrecía
donde tus dedos traspasaban hasta la médula
debilitando los músculos recios,
sensibilizando los nervios inquietos,
dominando la espalda hasta que se rinda
y se ofrezca dócil a tu látigo.

Esta espalda no volverá a caer
ni en tu lecho ni en tu falda
ni en la punta del pecado y el placer,
no doblegará su inteligencia ante tu cuerpo
prohibiéndole a tus manos mi cintura
ceñir mi voluntad contra tu sexo;
impidiendo tus dedos en mi nuca
para empujar los labios al beso.

Ya nunca acariciarás mi espalda
arañada de mentiras ha quedado.
Sobrevive la piel / la firme postura
para caminar derecha y decidida
adonde tus manos no alcancen

Johanny Vázquez Paz / Ofrezco Mi Corazón Como Una Diana

NEVER AGAIN

This erect back with its fragile spine
land where the skin dwells / shawl of bones
white plain divided by a riverbed
where your tongue rained
and your fingers glided in the sea foam
of the translucent fuzz that encases me.

This back where your hands dwelled
in the home that my skin offered them
where your fingers passed through to the core
weakening the stiff muscles,
making restless nerves sensitive,
taming the back until it surrenders
and offers itself docile to your whip.

This back will not fall again
neither into your bed nor your lap
nor onto the point of sin and pleasure,
nor will it fold up its intelligence before your body
banning your hands from my waist
to gird my will against your sex;
impeding your fingers on my neck
to push my lips into a kiss.

Now you'll never caress my back
scratched by lies it's been left.
The skin survives / the firm posture
to walk upright and determined
where your hands won't reach

esta columna erecta
inexplicablemente
frágil.

this erect column
inexplicably
fragile.

LA RABIA SE SIENTE EN LA PUERTA

llegas
te vas
vuelves
te alejas
regresas
callas
das vueltas
por la casa
enciendes
el motor
.... y marchas

seis horas
retornas
el silencio
a la casa
llamas
a alguien
partes
diez horas
llegas
te siento
más lejos
en casa
tiras la rabia
en la puerta
.... y marchas

RAGE IS FELT AT THE DOOR

you arrive
you depart
you come back
you draw away
you return
you fall silent
you walk around
the house
ignite
the engine
. . . . and leave

six hours
you bring back
the silence
to the house
you call
someone
you leave
for ten hours
you arrive
I feel you
farther away
at home
you throw your rage
at the door
. . . . and leave

MUDANZAS Y DESPEDIDAS

Vete ahora mientras mi cuerpo está tibio todavía.
Ve, ciérrale en la cara la puerta a los problemas.
Corre a toda prisa cerca de tu libertad
lejos de mi necesidad de desfilar esta sonrisa eterna
pintada todas las mañanas para el espectáculo.

Vete ahora, no haré una escena como las otras.
Dejaré que la herida gotee dentro de la copa de champán.
Prometo que no habrá daños visibles en las fotografías
ni perderé tu tiempo pidiendo explicaciones,
esas razones herméticas haciendo piruetas en mi mente.

Tengo una amargura que sucumbe como ola de mis ojos.
La máscara no puede mantenerse en su lugar.
No soy la princesa que soñaste hacer tu reina.
Ni tú eres el rey que vino a rescatarme de mi misma.

Sal sin remordimientos, te ayudaré a empacar el pasado
tirar a la basura las sobras que aún puedas sentir
etiquetar mis faltas y defectos en tu baúl de memorias.
Si te hace sentir mejor, todo correrá por mi cuenta.

Johanny Vázquez Paz / Ofrezco Mi Corazón Como Una Diana

MOVES AND FAREWELLS

Leave now while my body is still warm.
Go, shut the door in the face of the problems.
Run as fast as you can near your freedom
far from my need to parade this eternal smile
painted on every morning for the spectacle.

Leave now, I won't make a scene like the others.
I'll let my wound drip into the champagne glass.
I promise there won't be any visible damage in the photos,
nor will I waste your time begging for explanations,
those hermetic reasons pirouetting in my mind.

I have a bitterness that falls like a wave from my eyes.
The mask can't stay in its place.
I'm not the princess you dreamed to make your queen.
Nor are you the king who came to rescue me from myself.

Leave without regrets, I'll help you pack the past,
throw in the trash any leftover feelings you might still have,
label my faults and defects in your trunk of memories.
If it makes you feel better, everything will be my fault.

MITOS

Antes que me atacaran, pensé que haría como Bía:

Luchar contra gigantes poderosos y rudos
armada con una coraza inquebrantable.

Encadenar monstruos de ideas retorcidas
hasta que vomiten el pensamiento y vean la luz.

Cegar a los traidores que cotilleen mis secretos;
el fuego es un regalo sagrado entre dos.

Golpear con mi maza a los niños perversos
sin esperar años a que les crezca la maldad.

Pero resulté ser como Ariadna
enamoradiza, conspiradora, servicial,
hábil para formular estrategias de escape
                                    [para otros]
nacida para el abandono y la espera.
Sin fuerzas para cumplir las venganzas
que ejecuto dormida cada noche
cuando sueño que soy otra
que no despierta en mí.

MYTHS

Before they attacked me, I thought I'd be like Bia:

Fight against powerful, cruel giants
protected by an unbreakable armor.

Shackle monsters with twisted ideas
until they vomit up their thoughts and see the light.

Blind the traitors who gossip my secrets;
fire is a sacred gift between two people.

Beat perverse boys with my mallet
without waiting years for evil to grow within them.

But I turned out to be like Ariadne
lovesick, conspiring, servile,
skillful in creating escape strategies
                                    [for others]
born for abandonment and waiting.
Without strength to fulfill the vengeances
I wreak every night in my sleep
when I dream that I am another woman
who doesn't awaken in me.

INFINITO

Cuando me duele aquí
en este hueco infinito
agujero colectivo
dueño de todo
latifundio de saña
barbarie indómita
con fronteras
siempre en guerra
tanteo la superficie
meto la mano
hasta el fondo
bajo y busco
el desperfecto
el porqué
de la avería
siento el vientre
desierto de frutos
castrado de semillas
jardín infértil
donde la tierra abrasa
mis palmas desnudas
tuerzo el dolor
exprimo la sangre
arranco su ira
para que enmudezca
pero me hundo
en su pozo inacabable
y crece la muralla
clausurado el aire

INFINITE

When it hurts me here
in this infinite gap
collective hole
owner of all
estate of malice
untamed savagery
with borders
always at war
I test the surface
plunge my hand
all the way down
to the bottom and search
for the imperfection
the reason
behind the breakdown
I feel the womb
empty of fruits
castrated of seeds
infertile garden
where the earth burns
my bare palms
I twist its pain
squeeze the blood
pull out its anger
so it falls quiet
but I sink
into its endless well
the wall grows
the air closes off

me asfixio
hasta que suelto el aullido
que sana el presente
con su verdad.

I'm suffocating
until I release the howl
that heals the present
with its truth.

UN FINAL FELIZ PARA UN CORAZÓN SANGRANTE

He colgado mi corazón en el tendedero
de la ropa empapada de fiebre.
Hay que escurrir la sangre de la piel
gota a gota la herida hace un río
y el dolor se ajusta su salvavidas
zarpa con su pena / navega solo
revive los errores improvisando
diferentes desenlaces
nuevas y originales versiones
de la misma parsimoniosa muerte.
Hay que tachar el pasado de un plumazo
escribir un final feliz
tras otro tras otro tras otro
hasta que el cerebro explote
en mil exégesis y la realidad
renazca en una mentira piadosa.

A HAPPY ENDING FOR A BLEEDING HEART

I've hung my heart on the laundry line
of clothes dampened by fever.
Blood must be wrung from the skin
drop by drop the wound becomes a river
and the pain tightens its life jacket
sets sail with its grief / navigates alone
relives the mistakes improvising
different outcomes
new and original versions
of the same parsimonious death.
The past must be crossed out in a single stroke
write one happy ending
after another after another after another
until the mind explodes
in a thousand exegeses, and reality
is reborn in a white lie.

SUEÑOS DE MUJER

Sé que sueñas, mujer, con cruzar las fronteras de tu destino. Por cada puerta que cruzas, en cada hogar que cobijas tus sueños, ansiosa buscas la fuga. Porque entrar es buscar la salida. Tan pronto mides cuán bajo es el techo; cuán estrechas las paredes arrinconan tu espíritu. Tratas de cambiar el aspecto de tu cárcel pintando de colores los espacios. Decorando con guirnaldas y luces la palidez enfermiza de la desolación residente. Pero el tiempo enmudece los colores. Las luces se quiebran con la clave del reloj. Y sueñas, mujer, siempre sueñas, con nadar más allá del horizonte. Te levantas cada mañana cantándole al día un son. Aunque tu cuerpo congelado en el colchón no encuentre una luz que lo derrita. La mente, la incansable mente, siempre canta acompañada de tambores. Te obliga a salir de la oscuridad, abrir las ventanas, respirar sin miedo. Te pones tu mejor traje de ejecutiva y sales. Encuentras la manera de hablar con monosílabos, mientras llenas el cuaderno de oraciones infinitas. Callar todo el día es tu mayor logro. Regresas por la tarde en dos piezas, y desenganchas el traje del cuerpo. Y te tiras otra vez a soñar, mujer, con llegar cada día más lejos.

A WOMAN'S DREAMS

I know you dream, woman, of crossing the borders of your fate. For every
door you pass through, in every home where you shelter your dreams,
you search anxiously for the escape. Because entering means looking
for the exit. As soon as you measure how low the ceiling is; how nar-
row the walls corner your spirit. You try to change the look of your jail,
painting the spaces with colors. Decorating with garlands and lights the
sickly paleness of the resident desolation. But time mutes the colors. The
lights break with the clef of the clock. And you dream, woman, always
you dream, of swimming beyond the horizon. You get up every morn-
ing singing a *son* to the day. Even if your freezing body on the mattress
doesn't find a light that melts it. The mind, the tireless mind, always sings
accompanied by drums. You force yourself out of the darkness, open the
windows, breathe without fear. You put on your best executive suit and go
out. You find the way to speak in monosyllables, as you fill the notebook
with infinite sentences. Staying silent all day is your greatest achievement.
You return in the afternoon in two pieces, and unhook the suit from
your body. And you throw yourself once more, woman, into dreaming of
reaching farther every day.

PAUSA

déjenme sola, coño
déjenme con mis pestes
angelamaría dávila

He sentido los años pasar tartamudos,
días perezosos como olas que van y vienen
sin mojar la arena del tiempo
ni anunciar con algas negras su final.

Ahora a toda prisa me hago menos;
menos néctar rodeada de mariposas,
menos ninfa danzando en la arboleda,
menos hormonas bulliciosas en mi ser.

La despensa está desierta de recuerdos /
solo la lata vacía en la mano del mendigo
                                    entiende mi dolor.

Este paupérrimo cuerpo es mi enemigo.
Siento erizos arañando mi piel,
aguavivas quemando mi rostro,
rasco desesperada capas de mi epidermis
hasta sacarme sangre y encontrar el hueso.
Entonces el aire se arremolina en mí
y las llagas se multiplican en el espejo.

Mi cuerpo está enclavado en una casa sin puertas,
espera el cambio con los músculos tensos
los huesos frágiles / las coyunturas tiesas.

PAUSE

leave me alone, damn it
leave me with my stenches
angelamaría dávila

I've felt the years pass tongue-tied,
lazy days like waves that come and go
without wetting the sands of time
nor announcing with black seaweed its end.

Now in a hurry I become less;
less nectar surrounded by butterflies,
less nymph dancing in the grove,
less bubbling hormones in my being.

The pantry is devoid of memories /
only the empty can in the beggar's hand
                        understands my pain.

This impoverished body is my enemy.
I feel sea urchins scratching my skin,
jellyfish burning my face.
I tear desperate layers from my epidermis
until I draw blood and reach the bone.
Then the air whirls within me
and the wounds multiply in the mirror.

My body is nailed in a house without doors,
awaits the change with muscles tensed,
the bones fragile / the joints stiff.

Espera que la sangre se evapore en el río
y se despida triunfal de todas sus batallas mensuales.

No me pidan que los acompañe
cuando sudo en el presente las pasiones del ayer,
y huelo a descomposición y abandono,
a libro mojado olvidado en un cajón.

No me pidan simpatías ni palabras de aliento.
Estoy vieja para esas pendejadas.
Sí, ¡ESTOY VIEJA!
No cuchicheen a mi espalda.
Lo de vieja, *lo digo con ternura*,
lo digo con respeto y orgullo.
Me queda dignidad para aceptar el desenlace.

Cuando todo pase y mi cuerpo en pausa
retome la carga, más lento y pesado que antes,
que nadie me joda la fiesta con exigencias
ni expectativas de heroínas de celuloide
porque hoy es el día más joven de mi vida
y voy a hacerme un homenaje.

Waits for the blood to evaporate in the river
and bids triumphant farewell to all its monthly battles.

Don't ask me to join you
when I now sweat yesterday's passions,
and I stink of decay and abandonment,
of a damp book forgotten in a drawer.

Don't ask me for sympathies nor encouragements.
I'm too old for those *pendejadas.*
Yes, I AM OLD!
Don't whisper behind my back.
That I'm old, *I say it with tenderness,*
I say it with respect and pride.
I have dignity left to accept the denouement.

When everything passes and my paused body
resumes its burden, slower and heavier than before,
nobody better spoil my party with demands
nor expectations of celluloid heroines
because today is the youngest day of my life
and I am going to make an homage to myself.

HORMIGAS EN EL PÍCNIC

a los estudiantes, por darnos fe

Van surcando el camino con zapatillas livianas, tan de prisa que casi no pisan la tierra. Nunca antes sus pies significaron tanto: se han vuelto alas de tanto soñar que alcanzan el cielo. Van rapada la vanidad hasta el cuero, greñas subversivas, caras limpias y ojerosas, sin maquillar el desvelo de los ojos contando fantasmas de madrugada. Van con las mochilas atiborradas de semillas. Repartiendo a manos llenas el grano que germine un árbol de ramas anchas y raíces indestructibles. [Las semillas no se aprecian hasta que se hacen troncos y se estiran poderosas más fuertes que el enemigo]. Van armados hasta los dientes de palabras con la muerte tatuada en las pupilas. Sin trincheras donde esquivar la burla de los honorables bravucones. Hay diecisiete soldados liderando la marcha, un repetir de truenos ensordecedores poblando la memoria. Hay demasiadas horas de *déjà vu* en el día reviviendo seis minutos con veinte segundos eternos. Van como hormiguitas molestosas a arruinarles el pícnic. El banquete que se sirven de carne, sangre y municiones. En el agasajo se reparten las ganancias, distribuyen enmiendas como escudos, truecan la verdad por la falacia. Hasta allá llegará esta colonia de hormigas bravas, a devorarse el convite y exigirles a mordidas su derecho primigenio a la vida.

ANTS AT THE PICNIC

To the students, for giving us faith

They plow the path with lightweight sneakers, in such a rush they almost don't touch the ground. Never before did their feet mean so much: they've become winds from so much dreaming of reaching the sky. They wear their vanity shaved to the skin, subversive hairstyles, faces clean and tired, not covering with makeup the sleeplessness of eyes counting ghosts in the wee hours of the night. They move with their backpacks stuffed with seeds. Scattering with full hands the grains that germinate a tree of broad branches and indestructible roots. [The seeds aren't appreciated until they become trunks and stretch themselves powerful and stronger than the enemy.] They're armed to their teeth with words and death tattooed on their pupils. Without trenches in which to elude the mockery of the honorable bully boys. There are seventeen soldiers leading the march, a repetition of deafening thunder populating the memory. There are too many hours of *déjà vu* in the day reliving six minutes with twenty eternal seconds. They advance like bothersome little ants to ruin their picnic. The banquet they serve themselves of meat, blood, and ammunition. At the gala the profits are divided, amendments distributed like shields, exchanging the truth for fallacy. This colony of brave ants will reach all the way there, to devour the banquet and demand bite by bite their primal right to life.

Johanny Vázquez Paz / I Offer My Heart As A Target

II

AL DESPEGAR EL VUELO

nadie se marcha de casa salvo
si la casa es la boca de un tiburón
Warsan Shire

A esta isla que soy, si alguien llega,
que se encuentre con algo es mi deseo.
Gloria Fuertes

II

WHEN THE FLIGHT TAKES OFF

no one leaves home unless
home is the mouth of a shark
Warsan Shire

If someone arrives here, to this island I am,
my wish is that they may find something.
Gloria Fuertes

DIÁSPORA DE PALABRAS

Las palabras se me van   se   me   van
empacan y emigran a un país desconocido.

Como hijas quieren hacer su propia vida
mudarse de casa / llamar sólo el domingo.

Huyen de la memoria como ratones asustados
en su diáspora se dispersan a otras tierras.

La laringe es un collar de cuentas perdidas
donde mi voz no resuena fonemas heredados.

Sangra la lengua en la mordida
sin balbucear la tilde en la sílaba correcta.

Yo que me fui con la maleta vacía
a recoger palabras como chicles pegados en las aceras.

Raspé el suelo con mis uñas afiladas
y chupé colillas extranjeras para pertenecer.

Fumar en otro idioma causa un cáncer que se propaga;
primero los labios, luego la lengua, después

la voz se ahonda, se come el cerebro, metástasis lingüística
y las masas se ponen de acuerdo y susurran: ¡ya no eres!

DIASPORA OF WORDS

Words abandon me they a ban don me
packing up and emigrating to an unknown country.

Like daughters they want to make their own lives
move away / call only on Sundays.

They flee from memory like frightened mice
in their diaspora they scatter to other lands.

The larynx is a necklace of lost beads
where my voice doesn't echo inherited phonemes.

My tongue bleeds when it is bitten
without babbling the tilde in the right syllable.

I who left with my suitcase empty
to gather words like gum stuck to the sidewalks.

I scraped the ground with my sharpened nails
and sucked foreign cigarette butts to belong.

To smoke in another language causes a cancer that spreads;
first the lips, then the tongue, after

the voice deepens, it eats the brain, linguistic metastasis
and the masses reach an agreement and whisper: you no longer belong!

Johanny Vázquez Paz / I Offer My Heart As a Target

Me despojan la nacionalidad, me inventan una ciudadanía
me halan la isla bajo los pies y me hundo en el espanglish.

Poco a poco las palabras se me van se me van
sin cartas de querido john pegadas en el recuerdo

sin señales que me adviertan que hasta aquí
respirarán conmigo y se harán sonidos en mi voz.

They strip away my nationality, invent for me a citizenship
pull the island from under my feet and I sink into Spanglish.

Little by little the words abandon me they a   ban   don   me
without dear john letters stuck to the memory

without signs that warn me that only until here
will they breathe with me and make sounds in my voice.

LA HIJA DEL LECHERO

Dicen
que no parezco lo que soy
mi piel blanca
                    nube solitaria en cielo umbrío
mis cabellos
                    rayos de un sol nórdico
mis caderas
                    estrechas sin masa y melaza.

Dicen
que enuncio las palabras diferente
mi dicción es demasiada correcta
sin cambiar la erre ni omitir las eses
muy castiza e irreprochable para la burla.

Dicen
que no represento el folclore del pueblo
los símbolos patrios, la mancha de plátano
ni los míos me reconocen como hija;
soy el enigma de un injerto mal concebido.

Me llaman hija del lechero
güera, gringa, polaca
pote de leche, Casper el fantasma
nota discordante, alienígena
la oveja blanca de un rebaño cobrizo.

MILKMAN'S DAUGHTER

They say
that I don't look like what I am
my white skin
           lonely cloud in a shady sky
my hair
           rays of a Nordic sun
my hips
           narrow lacking substance and sugar.

They say
that I pronounce words differently
my diction is too proper
without changing my arr or dropping my esses
very Castilian and beyond mockery.

They say
that I don't represent the folklore of the people
the patriotic symbols, the *plátano* stain
not even my people recognize me as a daughter;
I'm the enigma of a badly conceived graft.

They call me milkman's daughter
güera, gringa, polaca
glass of milk, Casper the Ghost
discordant note, alien being
the white sheep in a coppery herd.

Digo
que el estereotipo es la ficción del prejuicio
la excusa barata de un odio costoso
que cobra vidas y deja pérdidas insalvables.

Soy hija de migraciones y conquistas
civilizaciones que han preñado mi ADN
(algunas con amor / otras sin permiso ni clemencia).

Soy la voz inquebrantable
de un caracol poblado de olas.
La melodía de un coquí trasplantado
sobreviviente de inviernos y extinción.

Soy arena, ríos, montañas, mares
puerto millonario en donde anclan
todas las especies humanas.

Soy la piel de Dios
multicolor y ciega de razas.

Soy de un pájaro las mil alas
con un mismo corazón
con la misma sangre
y los mismos sueños.

Soy lo que parezco ser:
¡Patria!

I say
that stereotype is the fiction of prejudice
the cheap excuse of an expensive hatred
that costs lives and leaves insuperable losses.

I am the daughter of migrations and conquests
civilizations that have impregnated my DNA
(some with love / others with neither permission nor clemency).

I am the unbreakable voice
of a seashell populated by waves.
The melody of a transplanted *coquí*
survivor of winters and extinction.

I am sand, rivers, mountains, seas
millionaire port where all
human species drop anchor.

I am the skin of God
multicolored and blind to races.

I am of a bird the thousand wings
with a *single heart*
with the same blood
and the same dreams.

I am what I seem to be:
Homeland!

VENDEPATRIAS

Nos fuimos los derrotistas
dejamos ganar al contrincante
sin dar la batalla ni morir en el infierno
dichosos abdicamos al puesto heredado
cediéndole la silla a un mejor postor.

Nos fuimos los traidores
abandonamos el barco antes del naufragio
como cobardes / desertores / *vendepatrias*.
Huyendo del presente despachamos a la familia
sin sujetarle la mano en su hora final.

Nos fuimos los judas, las malinches,
los caínes desleales sin sentido de hermandad.
Ni la sangre que nos ata nos amarra
a esa isla reseca de sol y despedidas.

Nos fuimos a vivir complaciendo al enemigo
a resistir noches de tormenta y orfandad
a escuchar el silencio de los labios
sellados por la ignorancia de la lengua.

Nos dispersamos de ciudad en ciudad
de puerto a estación, de cielo a infierno
reclutados por míster Sueño Americano:
nuestro cerebro al servicio incondicional
de vuestra merced el dólar, Rey de la Diáspora.

Nos fuimos y tan pronto arribamos

Johanny Vázquez Paz / Ofrezco Mi Corazón Como Una Diana

SELLOUTS

We left, the defeatists
we let our opponents win
without giving battle nor dying in hell
lucky we abdicated the inherited place
ceding the seat to a better bidder.

We left, the traitors
we abandoned ship before the shipwreck
like cowards / deserters / *sellouts.*
Fleeing from the present we dispatched the family
without holding their hand in their final hour.

We left, the Judases, the Malinches,
the disloyal Cains without any sense of brotherhood.
Not even the blood that binds us kept us tied
to that island dried from sun and farewells.

We went to live to indulge the enemy
to resist nights of storms and orphanhood
to hear the silence of the lips
sealed by the ignorance of the language.

We dispersed from city to city
from port to station, from heaven to hell
recruited by Mr. American Dream:
our brain in the unconditional service
of your mercy the dollar, King of the Diaspora.

We left and as soon as we arrived

al país de las desilusiones
la nostalgia se amamantó de recuerdos
y ahorramos el sudor de la jornada
para aplaudir al unísono al aterrizar el avión
y darle la bienvenida al año nuevo
junto a todo lo que despedimos en el viejo.

Después de cada vacación zigzagueamos la tristeza
hasta las obligaciones amontonadas en el mantel
sintiendo las gélidas agujas del invierno
traspasar el abrigo, la ropa, la piel, la memoria
congelada en el baúl de los ayeres extrañados
que degustaremos junto al ácido sabor de la traición
hasta que la muerte nos sujete la mano
y abordemos la nave que nos lleve al último exilio.

in the land of disillusions
nostalgia nursed on memories
and we saved the sweat of the day's labor
to applaud in unison as the plane touched down
and we're able to welcome in the new year
beside everything we bid farewell to in the old.

After every vacation we zigzag our sadness
up to the obligations piled on the tablecloth
feeling the frozen needles of winter
pierce our coats, clothes, skin, memory
frozen in the trunk of yearned-for yesterdays
that we'll taste along with the acid flavor of betrayal
until death holds our hand
and we board the vessel that leads us to our final exile.

CIUDAD DE VIENTOS Y FANTASMAS

Carnicera /
la ciudad afila sus navajas de cristal
  estalactitas colgadas al borde de las casas
  como decoraciones navideñas a la espera del verano.

    Al este
el lago sirve de frontera o precipicio:
los peces despiertan asfixiados
cuando el frío se derrite en la arena.
La ciudad vive su prisa desvelada;
  sonámbulos buscamos un hombro aliado
  donde recostar nuestro cansancio.
La muerte decora de cruces sus esquinas
y la nieve acumulada se torna mugrienta y hostil.

Hablo de una ciudad con aliento a cebolla silvestre
bulevares decorados con árboles de ramas suicidas
parques alfombrados de casquillos y maleza
y eloteros campaneando con sus dedos
los deseos de ser vistos en su anonimidad.
  Una ciudad sobreviviente de llamas
reconstruida por manos de todas las coordenadas y credos.

Ciudad que en los días de nostalgia
se torna espejismo de San Juan:
Hay un parque llamado Mariano
que podría ser la Plaza de Armas.
La *Milwaukee* se confunde con la *Ponce de León*
y la *Division* se me antoja una calle en Río Piedras.

Johanny Vázquez Paz / Ofrezco Mi Corazón Como Una Diana

CITY OF WINDS AND GHOSTS

Butcher /
the city sharpens its glass knives
      frozen stalactites on the edges of the houses
      like Christmas decorations awaiting the summer.

           To the east
the lake serves as a boundary or a cliff:
the fish awaken asphyxiated
when the cold melts on the sand.
The city lives its sleepless hurry;
      sleepwalking we seek a friendly shoulder
      on which to lay our weariness.
Death decorates the corners with crosses
and the accumulated snow turns dirty and hostile.

I speak of a city with wild onion breath
boulevards decorated with trees with suicidal branches
parks carpeted with bullet casings and weeds
and *eloteros* chiming with their fingers
their desire to be seen in their anonymity.
      A city survivor of flames
rebuilt by hands of all kinds and creeds.

City in which the days of nostalgia
become a mirage of San Juan:
there is a park called Mariano
that could be the Plaza de Armas.
Milwaukee becomes confused with *Ponce de León*
and *Division* makes me yearn for a street in Río Piedras.

Por eso estoy bilocada:
mis pies se congelan con la apatía del invierno
pero mi cuerpo arde con el sutil látigo del trópico.

Hoy no sólo hablo de mi ciudad
sino de todas las ciudades que poblamos de fantasmas.
Macondos latinoamericanos en el epicentro del desprecio
a donde emigramos y trabajamos
                              y trabajamos
                                          y trabajamos
y no morimos nunca cuando debemos
sino cuando podemos abrazar la soledad.

Y así construimos ciudades:
ladrillo a ladrillo
                  ventana y puerta
                              alma y sangre.

Dejamos nuestras huellas sucias de labores
impresas en las paredes que erigimos
y sacrificamos nuestro orgullo
como ofrenda a la Diosa Ciudad
para que nunca se olvide
de que somos parte de su historia.

That's why I'm in two places at once:
my feet freeze with the apathy of winter
but my body sizzles beneath the tropics' subtle whip.

Today I don't just speak of my city
but of all the cities we populate with ghosts.
Latin American *Macondos* in the epicenter of disdain
where we emigrate to and we work
                       and we work
                           and we work
and we never die when we should
but instead when we can embrace solitude.

And that's how we build cities
brick by brick
           window and doorway
                     soul and blood.

We leave the dirty handprints of our work
printed on the walls we erect
and we sacrifice our pride
as an offering to the Goddess City
so that she never forgets
that we are part of her history.

LAS HOJAS DEL OTOÑO

Rodeada de otoño
las hojas se transforman en atardeceres.
El sol enciende el fuego
antes de cubrir el horizonte de oscuridad.

Las hojas fallecen en mi cabeza
una a una caen rendidas
exhalan el último suspiro

                         y sucumben.

Nadie rescata sus cuerpos secos.
Nadie socorre su llanto enrojecido.
Son veinte mil miserias sin futuro
en el perpetuo otoño de mi pueblo.

Y una a una caen las lágrimas

                         caen los sueños
hoja a hoja se desploma la primavera
para el padre, la madre y el hijo
y para un dios vencido por su creación.

Las hojas desparramadas del otoño
pisoteadas día a día en la acera que aguardan
víctimas del poder del viento y su traición
recordatorios del invierno que asecha.

AUTUMN LEAVES

Surrounded by autumn
the leaves transform into sunsets.
The sun ignites the fire
before covering the horizon with darkness.

The leaves die on my head
one by one they fall exhausted
they exhale their final breath
                              and give up.

No one rescues their dried bodies.
No one aids their reddish cry.
There are twenty thousand miseries with no future
in the perpetual autumn of my people.

And one by one the tears fall
                              the dreams fall
leaf by leaf spring collapses
for the father, mother, and child
and for a god defeated by his creation.

The scattered leaves of autumn
trampled day by day on the sidewalk where they await
victims of the power of wind and its betrayal
warnings of the winter that lies in wait.

NADAR EN TIERRA FIRME

Camino como polizón por las calles de la ciudad
anónimo cuerpo flotando en un mar con tiburones.
El temor a hundirme avanza mis pasos
mis pies no saben nadar en tierra firme.

Voy acumulando nuevos miedos en una caja de cristal
que cargo en mi cabeza manteniendo el equilibrio.
Evito dar un mal paso y ser reconocida
por los que me llaman forastera.

Ando perdida en esta ciudad de hielo
las calles tienen nombres que se derriten en mi lengua.
No sé si virar a la izquierda o seguir derecho;
la aguja de la brújula sigue dando vueltas en su tómbola.

La ciudad se traga las sobras de mi isla encantada
hace gárgaras y escupe su mar adobado.

Soy los últimos segundos de un pez tirado a tierra.
Sacudo la cola, restriego con la histeria mis escamas
abro mi boca infinita hasta partir los labios
y mantengo el párpado abierto hasta el horizonte
para que mis ojos se acostumbren a esta nueva realidad.

Johanny Vázquez Paz / Ofrezco Mi Corazón Como Una Diana

SWIMMING ON SOLID GROUND

I walk like a stowaway through the city streets
anonymous body floating in a sea of sharks.
The fear of sinking pushes my steps
my feet don't know how to swim on solid ground.

I wind up collecting new fears in a glass box
that I carry on my head keeping my balance.
I avoid taking a wrong step and being recognized
by those who call me foreigner.

I walk lost in this city of ice
the streets have names that melt on my tongue.
I don't know whether to turn left or keep on straight;
the compass's needle keeps spinning in its *tómbola*.

The city swallows the remains of my enchanted island
gargles and then spits out its salty sea.

I am the final seconds of a fish tossed onto land.
I flap my tail, scrub my scales with the hysteria
open my infinite mouth until breaking my lips
and keep my eyelids opened to the horizon
so that my eyes get used to this new reality.

Johanny Vázquez Paz / I Offer My Heart As a Target

SÚPLICA DEL TRONCO A LAS HOJAS

No se vayan
no se desprendan de mi pecho
mi torso encandilado de primavera.

La vida se me escapa
el viento rasga mis ropas
me arranca la blusa
sacude el pudor de mi falda
descose los días zurcidos de sol
deshaciendo las puntadas de la lluvia.

Después que parí frutas maduras
y complací al otoño cambiando mis colores.
No se vayan
no me dejen desnuda en pleno invierno.

THE TRUNK'S ENTREATY TO THE LEAVES

Don't go
don't break away from my chest
my torso dazzled with spring.

Life escapes from me
the wind tears my clothes
rips off my blouse
shakes the modesty from my skirt
unpicks the days darned by sun
undoing the stitches of the rain.

After I gave birth to ripe fruit
and pleased autumn by changing my colors.
Don't go
don't leave me naked in full winter.

NOSTALGIA DE RAÍZ

El problema es la raíz
que se hace más ancha
más profunda se entierra
su nostalgia perpetua
agrieta la acera
impide la marcha
desploma los cimientos
abre un hueco insondable
y se chupa el mar
hasta escupirnos náufragos
en terreno forastero
sin orillas ni puertos
de donde zarpar.

ROOT NOSTALGIA

The problem is the root
that becomes thicker
the deeper it sinks into earth
its perpetual nostalgia
cracks the sidewalk
blocks pedestrians
collapses the foundations
opens an unfathomable gap
and sucks the sea
until spitting us out shipwrecks
in a foreign land
without shores nor ports
from which to set sail.

EL PASADO ES UNA SOMBRA

El sol vomitó sus rayos sobre una isla
evaporó las curvas de sus ríos
e hirvió su fuego en los poros de la tierra.
Se ha calcinado el espacio insondable
entre mi piel y el pasado.

Perceptible es la soledad
cuando el viento la preña de sal
y no importan los inviernos sobrevividos
ni la casa llena de objetos lozanos

siguen las algas enredadas en mi pelo
la arena náufraga en el ombligo.
Funámbula sin cuerda soy;
mis pies no se equilibran en tierra firme.

El pasado y yo cuchicheamos como viejas
nos recordamos el fervor de los quince
y recorremos los antiguos callejones
reviviendo los errores no absueltos por el tiempo.

El pasado es una sombra que musita olas
bumerán del presente
bisbisea un adiós a la distancia
retumba a la llegada
inunda el camino de memorias
en la ruta sin vuelta que tomamos.

THE PAST IS A SHADOW

The sun spewed its rays on an island
evaporated the curves of its rivers
and simmered its fire in the pores of the earth.
The unfathomable space between my skin
and the past has been burned.

Loneliness is perceivable
when the wind impregnates it with salt
and the winters survived don't matter
nor the house full of luxurious objects

the seaweed is still tangled in my hair
the sand shipwrecked in my navel.
I am a funambulist without a rope;
my feet don't balance on solid ground.

The past and I gossip like old ladies
we remember the fervor of being fifteen
and retrace the old alleyways
reliving the mistakes not absolved by time.

The past is a shadow that mumbles waves
boomerang of the present
whispers a goodbye from far away
rumbles upon arrival
inundates the path of memories
on the route with no return that we took.

CONVERSACIÓN CON LA QUE SOY Y NO FUI

Todos los días me parezco menos a la que fui.
Soy una turista en las sombras de la memoria.

Esta soy yo usando otras palabras
besando con la boca abierta cada sílaba.
Mi lengua navega en un río extranjero
se desliza con sus letras fácilmente sin descanso
como si fueran UNO.

El olvido me pregunta:

¿Cómo se siente el pasado en inglés?

El pasado se esfuma abracadabra va.
El presente es un nuevo mundo hostil
donde los nativos me acusan
de robarles sus tesoros nacionales.

Debo admitir que le fui infiel al mar
y al partir, renuncié a mis derechos
                    al azul en los ojos
                    a la sal en la piel
                    a la arena entre los dedos
por esta realidad de lagos gélidos y días grises.

La Isla me pregunta:

¿Cómo se dice patria en inglés?

CONVERSATION WITH WHO I AM AND WAS NOT

Every day I look less like the woman I was.
I'm a tourist in the shadows of memory.

This is me using other words
kissing every syllable with an open mouth.
My tongue sails on a foreign river
slides its letters easily without rest
as if they were ONE.

Oblivion asks me:

How does one feel the past in English?

The past vanishes abracadabra it leaves.
The present is a new hostile world
where the natives accuse me
of stealing their national treasures.

I should admit that I was unfaithful to the sea
and in departing, I renounced my rights
                    to the blue in my eyes
                    to the salt on my skin
                    to the sand between my toes
for this reality of frozen lakes and gray days.

The Island asks me:

How does one say patria *in English?*

Ahora soy el conquistador.
Programada con GPS:
vira a la derecha, sal por la izquierda
gira en U, ignora el Pare
cómete todas las luces rojas
avanza, corre, ándale, rápido
llega a tiempo, llega primero
toma ventaja, vive la vida
a toda máquina, sin pausas.

La muerte me pregunta:

¿Eso es vida?

Tengo que sacrificar las noches y el pellejo
estirar complaciente el cuello en la guillotina
en nombre del dólar, del hijo
y del espíritu santo de mi sueldo.
Amén.

Mi alma es un cigarrillo encendido
olvidado en un cenicero atestado de colillas.
El viento sopla inmisericorde
y tira al suelo mis cenizas.

Now I am the conquistador.
Programmed by GPS:
turn right, exit on the left
make a U-turn, ignore the stop sign
disregard all the red lights
advance, run, *ándale*, hurry
get there on time, get there first
take the advantage, live life
at full throttle, with no pauses.

Death asks me:

Is that life?

I must sacrifice nights and flesh
kindly stretch out my neck in the guillotine
in the name of the dollar, of the Son
and of the Holy Spirit of my paycheck.
Amen.

My soul is a lit cigarette
forgotten in an ashtray overflowing with butts.
The wind blows mercilessly
and throws my ashes to the ground.

REPORTE DE PÉRDIDAS

No encontraré una isla sino un cadáver
enterrado en su vientre hecho pólvora.

Los árboles sollozan por sus piernas fracturadas.
Las aves revolotean sin brazos donde posar sus nidos.
No hay ramas ni sombra donde cobijar el miedo
ni la memoria inútil de la realidad perdida.

El día se despierta oliendo a muerte y destrucción.
El sol desenrolla su látigo en las hendiduras de la tierra.
El atardecer es una lágrima que baja por la piel sin límite
cuando el bramido del generador desvela a la noche.

No encontraré nada ni nadie donde estuve
ni mis amigos ni mi hogar ni la orilla
donde mis pies se hundieron antes de volar.

Los lugares, al igual que yo, emigraron
o se ahogaron esperando el rescate.
Parece abrieron las compuertas del horizonte
y todos nos fugamos con el mar a otro puerto.

Solo hallaré ciudades degolladas, pueblos torcidos
barrios dislocados debajo de una marejada de cemento.
Techos de toldos azules imitarán el fulgor del cielo
antes que otra tormenta les devuelva el infierno a las salas.

No encontraré en el mapa las coordenadas de mi Isla
ni el domicilio exacto donde mis muertos reposan sin lápida.

LOSS REPORT

I won't find an island but a cadaver
buried in its belly turned to gunpowder.

The trees sob for their fractured legs.
The birds flutter without arms where to rest their nests.
There are no branches no shade to shelter fear
nor the useless memory of the lost reality.

The day wakes up smelling of death and destruction.
The sun unrolls its whip in the crevices of the earth.
The sunset is a tear that descends the skin without borders
when the bellow of the generator keeps the night awake.

I won't find anything or anyone where I was
not my friends nor my home nor the shore
where my feet sank before taking flight.

Those places, just like I did, emigrated
or they drowned awaiting rescue.
It seems they opened the floodgates of the horizon
and all of us flee with the sea to another port.

I will only find beheaded cities, twisted towns
dislocated neighborhoods under a cement surge.
Roofs of blue awnings will mimic the glare of the sky
before a new storm brings hell back to the living rooms.

I won't find the coordinates of my Island on a map
nor the exact address where my dearly departed rest without headstones.

Manos de uñas pulidas firmarán contratos
de compra y venta a precios de liquidación.
Y florecerán campos de golf como hongos
hoteles cinco estrellas con playas exclusivas para socios
nativos folclóricos, siervos entrenados
alojamientos *all-inclusive* llenos de historia.
En el banquete los buitres de cuello blanco
se escupirán satisfechos las sobras en los bolsillos.

Sólo quedarán hogares embargados por los bancos
cuerpos amontonados a la espera de una despedida final
grietas desgajando los cimientos de nuestra cultura
y maletas atiborradas de escombros sobrevivientes
antes de la última ovación al despegar el vuelo.

Nail-polished hands will sign purchase and sale
agreements at liquidation prices.
And golf fields will flourish like mushrooms
five-star hotels with exclusive beaches for members
folkloric natives, trained servants
all-inclusive accommodations full of history.
At the banquet the satisfied white-collar vultures
will spit the leftovers into their pockets.

Only homes seized by banks will remain
piled bodies waiting for a final farewell
cracks tearing the foundations of our culture
and suitcases crammed with surviving debris
before the last ovation when the flight takes off.

ESCOMBROS

El estante se ha encorvado de libros, no sobrevivirá más mudanzas. Lo embaracé de papeles y láminas encuadernadas, de imaginación e historia. Al principio, después de ensamblar su esqueleto enumerado, cada letra tenía su frontera delineada, y dentro de ella, los nombres se acomodaban de forma organizada. Había un orden alfabéticamente correcto, una clasificación singular para cada género literario. La poesía, liviana expresión del ser, flotaba en los anaqueles más altos, seguido por la precisión del cuento. La pesada carga intelectual de los ensayos iba luego, y abajo, las novelas, con el alumbramiento y entierro de sus personajes en cada tomo, como columnas de palacio, sostenían el peso de todas las palabras. Ahora su mundo ha perdido el orden y las clasificaciones. Cada sección se desbordó hasta no haber cabida para nuevos ejemplares. Las pobres vértebras del estante ya no aguantan más carga en su vientre. Morirá en piezas desatornilladas que pronto conocerán su desenlace: madera sólida para mi ataúd.

DEBRIS

The shelf has warped from books, it won't survive any more moves. I encumbered it with papers and bound prints, with imagination and history. At first, after assembling its numbered skeleton, every letter had its boundary outlined, and within it, the names were arranged in an organized fashion. There was a proper alphabetic order, a singular classification for every literary genre. Poetry, the lightest expression of the self, floated on the highest shelves, followed by the precision of the short story. The heavy intellectual weight of the essay came next and, below, the novels, with the birth and burial of their characters in every volume, like a palace's columns, supported the weight of all the words. Now its world has lost all order and classifications. Every section overflowed until there was no room for new copies. The bookcase's poor vertebrae no longer endure any more pressure on its belly. It will end up as unscrewed pieces which will soon learn their final fate: solid wood for my coffin.

INOCENCIA PERDIDA

Puedo señalar el momento exacto que dejé de creer en héroes y heroínas. Era un sábado con resaca de *happy hour* post trabajo del viernes. Juraría que era temprano en la mañana, pero probablemente no abrí los ojos hasta el mediodía. Antes de la taza de café, del agua y la aspirina, desperté el televisor y me encontré con la imagen que espabiló mi conciencia. Un niño en brazos del pescador que lo rescató de la oscuridad del mar descubre que es cierto que existe el *boogeyman*. Y *el cuco* se mete en el cuarto de madrugada vestido con uniforme de combate, apunta con un fusil automático y arranca niños del abrazo de su salvador.

Esa mañana a mí también *el coco* me jaló la curita y me dejó la herida abierta y sangrando. Y ni la derecha ni la izquierda, ni George Washington ni Karl Marx, ni la democracia ni la revolución, ni Janet Reno ni Fidel volvieron a ser creíbles, importantes o fiables. El cuento de hadas de la justicia para todos y la sociedad equitativa es una burla a mi inteligencia. Aunque atestiguo que el *boogeyman* no es fantasía. Por eso siempre ando con cautela.

Ese 22 de abril del año 2000 aprendí mi lección: jamás encender la pantalla antes de zarandear los sentidos con una taza de café y bajarle al dolor dos aspirinas con un vaso de agua helada. Cosas necesarias para asesinar fábulas de héroes y heroínas transmitidas por televisión todos los días.

INNOCENCE LOST

I can point to the exact moment I stopped believing in heroes and hero-ines. It was a Saturday with a hangover from an after-work Friday happy hour. I would swear that it was early in the morning, but I probably didn't open my eyes until noon. Before a cup of coffee, some water and aspirin, I woke the television and found myself facing an image that raised my conscience. A child in the arms of the fisherman who had rescued him from the darkness of the sea discovers that it's true that the boogeyman really does exist. And the *cuco* slips into the room in the middle of the night dressed in combat uniform, takes aim with an automatic weapon, and tears children from the embrace of their savior.

That morning the *coco* pulled the bandage from me as well and left my wound open and bleeding. And neither right nor left, neither George Washington nor Karl Marx, neither democracy nor the revolution, nei-ther Janet Reno nor Fidel were believable, important, or trustworthy any-more. The fairy tale of justice for all and the equal society is a mockery of my intelligence. Although I can testify that the boogeyman is not a fantasy. That's why I'm always careful.

That April 22 of 2000, I learned my lesson: never turn on the screen before jolting the senses with a cup of coffee and lowering the pain with two aspirins and a glass of cold water. Necessary things to murder the fables of heroes and heroines broadcast on television every day.

PIÑATA DE SUEÑOS

Cuando la epidermis pesa
sobre la frágil espesura de los huesos
intento acostar mi cansancio
en la cuna heredada de mi hermana
nacer de nuevo con distinta piel
una que sea de otra consistencia
        impenetrable
        a prueba de engaños.
Mi alma retrocede su calendario
y soy feto que guinda de una cuerda
piñata rellena de sueños y metas.
Espero el golpe que le abra
      el párpado al himen
para que salgan disparados
        los miedos
        las dudas
        el hambre
y solo quede mi piel recién nacida
y mi alma emancipada del pasado.

PIÑATA OF DREAMS

When the skin weighs
upon the fragile thickness of the bones
I try to lay my weariness to rest
in the cradle inherited from my sister
try to be born again with a new skin
one which has another consistency
   impenetrable
   proof against deceits
my soul traces back its calendar
I am a fetus hanging from a cord
a piñata full of dreams and goals.
I await the blow that will open
   the eyelid of the hymen
so that everything shoots out
   the fears
   the doubts
   the hunger
and only my newborn skin is left
and my soul free from the past.

EN BLANCO

La vida me despertó con la página vacía esperando a los pies de la cama. Acurruqué su aliento entre mis manos y aspiré su olor deshabitado de tinta. Desangré mi pluma en los poros vírgenes de su piel, ennegreciendo la palidez cegadora de la página en blanco. Giré la muñeca con el redondel de la o, alargué la sonrisa de la a, dibujé un sol en la corona de la i, estiré mis brazos por la e, mojé los labios para soltar la u . . . y silbarla al aire. Deletreé un universo con mis dedos, e inventé una ciudad de historias infinitas deseosas de alzar el vuelo.

Ahora regreso rastreando en reversa, cambiando estiletes por zapatillas livianas, reviviendo escenarios desde mi plataforma con los labios pintados de hambre y el alma saboreando versos.

BLANKNESS

Life woke me with an empty page waiting at the foot of the bed. I cradled its breath between my hands and breathed in its uninhabited scent of ink. I bled my pen into the virgin pores of its skin, darkening the blinding paleness of the blank page. I twisted my wrist in the bullring of the o, lengthened the smile of the a, drew a sun on the crown of the i, stretched my arms for the e, wet my lips to release the u . . . and whistled it into the air. I spelled out a universe with my fingers, and invented a city of infinite stories wanting to take wing.

Now I return dragging myself backward, changing stilettos for light sneakers, reliving scenes from my platform with lips painted with hunger and my soul savoring verses.

ONANISMO LITERARIO

Es fácil estar a solas con mis letras
sacar la artillería de su guarida
liberarla del encierro sometido
cuando la visita interrumpe el rapto
el clímax de caricias a dos manos
con veintisiete viabilidades de posicionar
el pensamiento
                            mientras lo penetro
con las yemas de los dedos
taquigrafía veloz de amante en celo.

Insaciable es la libido
de mi amante la palabra
ella y yo, a solas
sabemos satisfacernos
con el simple roce de un botón
vibramos con cada golpecito
que recibe el teclado
cuando los versos braman sus tropos.

Es fácil gratificar desnuda el deseo.
Las manos se deslizan solas
sobre la henchida piel del teclado
las grafías gimen agradecidas
marcando la tonada de la orquesta
que conduzco hasta el final del desfile
sintiéndome plena con mi amante poesía.

LITERARY ONANISM

It's easy to be alone with my letters
to pull the artillery from its hideout
free it from forced enclosure
when visitors interrupt the rapture
the climax of two-handed caresses
with twenty-seven viabilities of positioning
thought
          as I penetrate it
with the tips of the fingers
swift stenography of the aroused lover.

Insatiable is the libido
of my lover the word
she and I, alone
we know how to satisfy ourselves
with the simple touch of a button
we vibrate with every bump
the keyboard receives
when the verses bellow their tropes.

It's easy to gratify naked desire.
The hands slide on their own
over the swollen skin of the keyboard
the writing groans in appreciation
marking the tone of the orchestra
that I lead toward the end of the parade
feeling myself replete with my lover poetry.

SOLO DE TECLAS A DOS MANOS

Sólo en esta fecha / a esta hora bendita
decido con qué dedo acaricio la tecla
qué letra empujo con fuerza
con qué tinta imprimo la piel
con cuál voz te seduzco
el párpado
sólo aquí
sola yo

Johanny Vázquez Paz / Ofrezco Mi Corazón Como Una Diana

KEYBOARD SOLO FOR TWO HANDS

Only on this date / at this blessed hour
do I decide with which finger to caress the key
which letter to push with force
with what ink to imprint the skin
with what voice I seduce
your eyelid
only here
I alone

DE(S)LETREADA

Soy hombre: duro poco
y es enorme la noche.
Octavio Paz

Soy mujer: duro mucho
y es corto el día.
Pero miro hacia el sur:
las olas me escriben en la arena.
Entiendo lo incomprensible:
también fui escritura
y ahora mismo
el mar me borra.

(MISS)SPELLED OUT

I am a man: I endure little

and the night is enormous.

Octavio Paz

I am a woman: I endure much
and the day is short.
But I look toward the south:
the waves write me on the sand.
I understand the incomprehensible:
I too was writing
and right now
the sea erases me.

Agradecimientos

Primero que nada, mi más sincero agradecimiento a Rigoberto González por apoyar mi trabajo y declarar victoriosos a estos poemas nacidos de la vulnerabilidad y la derrota. *Siempre serás familia para mí, padrino.* Gracias a la Feria del Libro de Miami por su ardua labor promoviendo escritores, y por ofrecer un espacio en donde presentar nuestros libros. A la organización the National Poetry Series mi eterna gratitud por su interés en dar a conocer a poetas que escriben en español entre el público de habla inglesa. A todos los que laboran en la editorial Akashic Books (algunos con la casualidad de los nombres: Johnny/Johanna/Johanny) por darle vida y corazón al manuscrito. A mi querido traductor, Lawrence Schimel, *gracias por tu paciencia ante tantas sugerencias y por estar abierto a mis opiniones.* Gracias a Juan Pablo Rivera (Revista Hispamérica) y a Jesús J. Barquet (Signum Nous) por publicar algunos de estos poemas (o sus versiones anteriores) en las revistas mencionadas. A Michelle Ramírez, *gracias por dejarme usar la imagen del hermoso cuadro de tu papi,* She Cried, *en la portada del libro.* La amistad de Gamaliel fue muy importante para mí; es un honor acompañar mis poemas con su arte. A mi esposo Wilfredo, *gracias por darme espacio para escribir y por calmarme durante el estrés de las fechas de entregas venideras.* A mi madre y su apellido Paz, que sirvió como un incentivo para desvelarme y trabajar estos poemas. *Soy tu hija menor, Madre, débil y fantasiosa, pero tu fuerza de carácter se apodera de mí cuando tengo que luchar y defenderme.* Gracias a mis hermanas, Vivian y Tuttie, porque lidiamos con todas las batallas tomadas de la mano. A Karina que me regala la risa y las ocurrencias de mi amado Apolo. A Brandon, porque *te recuerdo y te extraño todos los días de mi vida.* A mis amigos, amigas, y amigxs por el apoyo, la solidaridad, y los vinos compartidos. Y, finalmente, quiero agradecerle a Facebook por agregar a mi página el anuncio del Premio Paz de Poesía. Si no hubiera

Acknowledgments

First of all, my most sincere thanks to Rigoberto González for supporting my work and declaring these poems born from vulnerability and defeat to be champions. *You'll always be family for me, padrino.* Thanks to the Miami Book Fair for their hard work promoting writers, and for offering a space in which to present our books. My eternal gratitude to the National Poetry Series for their interest in promoting poets who write in Spanish to English-speaking audiences. To all those who work at Akashic Books (some of whom by chance share my name: Johnny/Johanna/Johanny) for giving life and heart to my manuscript. To my dear translator, Lawrence Schimel, *thanks for your patience when faced with so many suggestions from me and for being open to my opinions.* Thanks to Juan Pablo Rivera (*Revista Hispamérica*) and to Jesús J. Barquet (*Signum Nous*) for publishing some of these poems (or earlier versions of them) in those magazines. To Michelle Ramírez, *thanks for letting me use the image of your father's lovely portrait*, She Cried, *on the cover of the book.* Gamaliel's friendship was very important for me; it's an honor for his artwork to accompany my poems. To my husband Wilfredo, *thank you for giving me space to write and for keeping me calm during the stress of the deadlines to come.* To my mother and her surname Paz, which served as an incentive to stay awake and work on these poems. *I am your youngest daughter, Mother, weak and fanciful, but your strength of character takes over when I need to fight and defend myself.* Thanks to my sisters, Vivian and Tuttie, because we faced all battles hand in hand. To Karina, who gives me the laughter and the wisecracks of my beloved Apolo. To Brandon, *because I remember you and miss you every day of my life.* To my amigos, amigas, and amigxs for your support, solidarity, and wine shared. And finally, I want to thank Facebook for showing me the ad for the Paz Prize for Poetry. If it hadn't been for that, I would never have found out about it nor participated, I would never even have known this contest existed. I have lived through some very difficult years of health problems, both my own as well as those of loved ones, and of a

sido por eso, nunca me hubiera enterado ni hubiera participado, y ni siguiera hubiera sabido que existía el certamen. Había vivido unos años muy difíciles de problemas de salud, tanto míos como de seres queridos, y de un huracán que destruyó inmisericordemente a mi país y afectó la tranquilidad y estabilidad de mi familia. No estaba buscando galardones, pero una noche tenía ante mis ojos un certamen de poesía, con el apellido de mi madre como nombre, para poetas residentes en Estados Unidos que escribieran en español. Lo tomé como una señal cibernética que el universo me mandó y un recordatorio de que aun en los momentos más oscuros un rayo de luz puede colarse entre los escombros.

—*Johanny Vázquez Paz*

hurricane which mercilessly destroyed my country and affected the tranquility and instability of my family. I wasn't looking for honors, but one night I found before my eyes a poetry contest, with my mother's surname for its name, for poets residing in the United States who write in Spanish. I took it as a cybernetic signal from the universe and a reminder that even during the darkest moments a ray of light might slip between the ruins.

—Johanny Vázquez Paz

CPSIA information can be obtained
at www.ICGtesting.com
Printed in the USA
LVHW090121101019
633734LV00002B/2/P